すべて あなたが 決めていい

玉置妙憂

幻冬舎

はじめに

答えはあなたの中にある

「私の人生は、なぜこんなにも不安や悩みが尽きないのだろうか」

「苦しいこと、つらいことを乗り越えるには、いったいどうすればいいのか」

この本を手に取ってくださったあなたも、そんな気持ちになることがあるでしょう。


かくいう私自身にもそんなときがありました。

30代で看護師の資格を取り、がむしゃらに働きながら子育てをしていた頃。

がんを再発した夫が「自然死」を選び、自宅で介護をはじめたときの葛藤。

枯れ木のように美しく命を終《しま》った夫を看取ったあとの喪失感。

夫が亡くなったあと、「仏教に帰依したい」という思いが湧き起こり、僧侶になることを決意しました。自分の心の声に素直に従ったことで、人生の新たな景色が増えました。

以来、看護師として、僧侶として、終末期の患者さんとそのご家族のお気持ちを聴かせていただく活動を続けています。

頻繁に起こる自然災害や未知の感染症など、明日は何が起こるかわからない不安定な時代を、私たちは生きています。思い通りにいかない人生に、多くの人が苦しみや悲しみを感じています。たくさんの命が失われ、たくさんの情報が溢れている中で、正解のない問いにぶつかって立ち往生している人も少なくありません。

けれども、いくら思い悩んだところで、今日と同じ日は二度とめぐってはきません。日々刻々と、時は進んでいます。

この世のすべてのものは日々移ろい、永遠に続くことは何ひとつない。

どんなにつらいことがあっても、いつか必ず終わりが来る。

それが人生なのだと思います。


であれば、限りある「今」を見直してみませんか？

何をしているときに幸せだと感じるのか、何を慈しんで過ごしていきたいと思うのか、自分の心に向き合ってみませんか？


大切な人の命に寄り添うことも、悔いなく生きることも、すべては自分の正直な思いを大事にすることなくしては、はじまりません。

あなたの内なる声に耳を傾けること。

あなたの中にある答えに気づくこと。

そう、答えはあなたが決めればいいのです。

自分で答えを決めた瞬間、イライラ・モヤモヤして動けなかった場所から、新しい一日が輝きはじめるかもしれません。

人生には苦しみがつきものですが、「自分で決めた答え」があれば、どんなに思い悩んでも支えてくれる心の柱になります。

あなたが、少しでも心穏やかに「今を生きて」いけますように。

この本がお役に立つことを願っております。

目次

第1章

心の声に従う勇気

第2章

人生の最期に寄り添う準備

第3章

話すと放す
聞くと聴す

第4章

今日をまず大事に生きてみる

取材·文　樺山美夏
ブックデザイン　上坊菜々子
イラスト　植岡恵美

第1章

心の声に従う勇気

死生観が必要な理由

専念する

「穏やかに死にたい」
「家族に看取られて幸せな死を迎えたい」
「ピンピンコロリで逝きたい」

人生の最期について、このような理想をお持ちの人は少なくありません。
この本を読んでくださっているあなたも、同じようなことを思い描いた経験はありませんか。

人は死に方を自由に選ぶことができません。
どんな人でも、突然死や不慮の事故に見舞われることもあれば、地震や災害の犠牲になる可能性もあります。新型コロナウイルスのようなやっかいなウイルスによってあっけなく命を奪われる人がいることも、すでによくおわかりだと思います。

30年間看護師として、10年間僧侶として、死にゆく方々のそばにいさせていただいている私に、「どうすれば幸せに逝けますか」「どうやったら後悔せずに死ねますか」としばしばご質問をいただくことがあります。

「生きている間に幸せだと思えなければ、幸せに死ぬことはできません」「生きている間にやりたいことをやり尽くさなければ、何の後悔もなく死ぬことはできません」などとお答えしておりますが、たとえ、不満が一切ない人生を送ってきた方であったとしても、「ああ面白い人生だった。もはや死ぬことに何の後悔もない」とはなかなかいかないようです。

人生の着地点が見えてくるとき、「こんなはずじゃなかった」「あのときこうしていればよかった」と後悔するのは、皆さん同じなのです。

そういうものだとわかっているからこそ、少しでも悔いを残さないためにできることはないかとお探しですよね。


では、一つお尋ねいたします。

皆さんは、今日、幸せだと思えることがありましたか？

「何もなかった」という人もいるかもしれませんね。

でも、日々の生活の中に幸せを感じられない人が、死ぬときだけ幸せということなんて、あるでしょうか。


私たちが死について考えることの意味は、ここにあります。幸せに死にたいなら、幸せに生きること。後悔なく死にたいなら、後悔なく生きること。

これを「わかる」ためなのです。


理想の死に方に思い悩むよりも、一日、一日の生き方に専念する。

それは、環境をまるごと変えたり、他人の力を借りたりしなければできないことでもないと思うのです。ご自分のものの見方や考え方を少し変えるだけで、そのへんにたくさん転がっている小さな幸せの灯りに気づくようになれるのですから。

穏やかに、後悔せず
幸せに死ぬことを
目指さなくていい

捨てる

人生で一番大切なもの

一日、一日を満足して終えたい。

そう願ってはいるけれど、普段の生活の中で何をすればいいのかわからない、何を大事にしたらいいのだろうと思う方もいるでしょう。

私が代表を務める大慈学苑には、自分が余命を告げられてから死ぬまでの感情を疑似体験する「デス・トライアル」というプログラムがあります。元気なときに、自分の「死」のイメージトレーニングができる方法の一つです。

これは、アメリカの精神科医、エリザベス・キューブラー・ロス氏が提唱した「否認→怒り→取り引き→抑うつ→受容」という「死の受容プロセス」に基づいています。そのプロセスは、次の5段階です。

「否認」は、頭では理解しようとするが、感情的に自分が死ぬはずはないと事実を否認している段階。

「怒り」は、「なぜ自分がこんな目に遭うのか？　なぜ自分が死ななければならないのか？」といった怒りにとらわれる段階。

「取り引き」は、神や仏にすがり、自分の悪いところは改めるから、まだ死なせないでほしい、何でもするから命は助けてほしいと願う段階。

「抑うつ」は、定められた運命に絶望し、無力な自分に失望して、何も回避ができないことを知り抑うつ症状に襲われる段階。

「受容」は、最終的に自分が死にゆくことを受け入れる段階。

参加された方たちは、自分が当事者になったつもりで、私がお声がけをしながらそれぞれの段階に感情移入していくのですが、その前にやっていただく作業があります。

それは、自分の人生で大切なものを30個選ぶこと。
「物・物以外（人間やペット）・夢や希望」の三つのカテゴリーからそれぞれ10個ずつ、付せんに書き出します。そのうえで、「死の受容プロセス」の段階が進む気持ちをイメージしながら、6個ずつ捨てていって、最後に一つ残します。

お酒、家、ペット、お母さんなど、最後に選ぶものは皆さんバラバラで、何が残ってもいいのです。

つらい決断の中で、何を大切に思い、何を捨てていくかについて考える作業を通して、自分自身の純粋な考え方や価値観に気づく人もいます。

気づかないうちに、「～をしなければいけない」と自分に無理強いしていないだろうか。「～をすれば幸せになれる」と思い込んで苦しくなっていないだろうか。

嘘のない気持ちを見極める時間を少し作ることで、一日、一日を満足して終えるためのヒントが見えてくるかもしれません。

「普通」は忘れて
人と比べず
あなたの声に耳を澄ます

終《しま》う

与えられた寿命を全うする

私が現在のような看護師僧侶という道を選ぶきっかけになったのは、10年ほど前に夫を自宅で看取ったことにあります。

夫は57歳のときに大腸がんと診断され、その3年後、膵臓への転移が発覚しました。病院の先生から抗がん剤治療を提示されたのですが、夫の希望は治療も入院もせず在宅で療養することでした。

最初は、夫の意志に家族への愛がないように感じられ、「まだできることがあるのに」と私はなかなか納得ができませんでした。そのあと1ヶ月ほどかけて話し合った結果、私が根負けして夫は自宅で過ごすようになりました。

約1年間の自宅介護を経て夫が亡くなっていく過程は、それまで私が看護師として病院で立ち会わせていただいた方々のそれとは違っていました。最期の段になると、夫は無理して食べたり飲んだりせず、点滴もしませんでした。ほとんど医療の力を借りなかった夫は、むくまず呼吸も穏やかで、尿や便を全部自分で出しきってから息を引き取りました。

樹木がゆっくり枯れていくような死に様を通して、人は、こうして自分の力で命を終っていくことができるのだと、私ははじめて知りました。そのあと、四十九日の法要をすませた頃には、夫を看取ったときに頭に浮かんだ「お坊さんになろう」という思いがより明確になっていました。死にゆく人と向き合うとき、医療以外に何か必要なものがあるのではないだろうか、そのヒントが宗教にあるようにも感じたのです。

私が出家したいきさつを駆け足でお話しさせていただきましたが、夫を見送った直後は、「あのとき入院させていたら……」と後悔が押し寄せるときもありました。けれど、時間が経つにつれて、治療をしないことではなく、好きなことを選んだのだと捉えるようになりました。たとえ違う選択肢に決めたとしても、夫がこの世を去る日は同じだったのではないかと思っています。

なぜなら、これまで数百人の方たちの看取りに立ち会わせていただいた経験を通じて、しみじみと「人の寿命は決まっている」と考えるようになったからです。

外科を受け持っていたとき、バイクで交通事故を起こした高校生が、15メートルほどの高さから落下して全身血まみれで意識不明のまま運ばれてきたことがありました。助かる見込みが薄い状況だったにもかかわらず、数ヶ月後には後遺症もほとんどなく元気に退院していきました。その一方で、わずか80センチほどの高さの脚立から足をすべらせて頭を打った人が、その日のうちに亡くなったこともありました。

もうダメかもしれないと諦めかけても奇跡的に回復するケースもあれば、どんなに長生きしようとがんばっても叶わないときもあります。

仏教の教えに、私たち人間は生まれたときに与えられた課題を一生かけて探し解決する、という考え方があります。この世はその修行をする場のようなものです。今生の課題を達成したら命を閉じ、すでに亡くなられた方は今生の課題を終えられた尊い人とも言えます。

そんな風に考えてみると、「死」というゴールを見据えつつ、何事も面白がりながら、少しずつ進むぐらいがちょうどいいのかもしれません。

与えられた課題を
解決していく
人生は修行の場

いつかは「今」でもいい 前倒す

あなたは、どのような人生の最期を迎えるのでしょうか。

「死」について考えてみることは、死に方について周到に準備するというより、これからどんな風に生きていきたいかに思いをめぐらすことにつながっていくようです。


もしも、あなたが余命わずかだと知らされたら、そのかけがえのない時間を何に費やしたいですか？　誰と過ごしたいですか？

普段なら考えないような問いを自分に投げかけてみると、日常に埋もれていたり、気づけていなかったりした心の声が聞こえてくるかもしれません。

仕事が落ち着いて、時間がゆっくりできたら。
子育てで忙しいから、自分のやりたいことは後回しに。
将来、年金がもらえないかもしれないから今は我慢。

優しい人やがんばり屋さんほど、誰かのため、周囲のためと、自分より他人の状況を慮《おもんぱか》ってしまうことが多いですが、お釈迦様の言葉には「自利をもって利他行に励め」という教えがあります。

先に満たすのは自利、自分の幸せです。他人ではなく自分で自分自身を幸せにして、そのいっぱいの幸せの中から他人に差し上げる。そうすると、みんなの幸せがぐるぐると回っていくという意味です。

自分の心を満たすもの、持ち続けている夢や叶えたい望みがあるならば、どんどん前倒ししてみるのはどうでしょうか？

いま、あなたが本当にやってみたいことは？　と尋ねられたときに、すぐ思い浮かんだものを書き出してみませんか。

一度は行ってみたかったレストラン
挑戦したかった習い事
友達や恋人に感謝を伝えたい
家族と久しぶりに会って話したい
着てみたかった洋服
訪れたかった思い出の場所

人は「願っていること」や「強く信じていること」を引き寄せるようにできていると、皆さんも聞いたことがあるかと思います。年齢、お金、環境などいろんなことに配慮して、未来のためにとっておいた楽しみを棚卸ししてみると、すぐにでも実現できることが見つかるかもしれません。

まずは自分を満たす
その身と心から
他人に差し上げる

誇る

誰もが孤独を生きている

人生は飛行機が飛ぶのに似ていると思うことがあります。生まれたときに「離陸」して、死ぬときに「着陸」する。離着陸時は大変でリスクも伴いますし、一番揺れます。

飛行中は月や太陽の光の輝きを浴びたり、美しい彩雲を見たりすることもあるでしょう。しかし、ときには、雷が鳴ったり、乱気流に巻き込まれたりしてヒヤヒヤすることもあるように、いつも安全飛行でいられるとは限りません。

永遠に飛行機が飛び続けることはできないのと同じで、人生にも必ず終わりが訪れます。燃料の残りが気になってきたら、着陸のシミュレーションをする必要もあるでしょう。ただ、想像通りに着陸できるかどうかは、やってみないとわかりません。

だからといって、操縦している間ずっと着陸のことばかり考えていたら気が滅入ってしまいます。せっかく大空へ飛び立ったのなら、見たことのない景色を味わったり、一度きりのフライトを自然体で楽しんでみるのはいかがでしょうか？

一機の飛行機を操縦するのがひとりであるように、他の飛行機と並んで飛ぶことはできても、合体したり、牽引してもらったりすることはできません。人は生まれてくるときも、死んでいくときもひとりなのです。

おひとりさまで孤独死することを「かわいそう」「悲惨」などと憐れむニュースを見かけますが、どうか動揺せずいてください。家族がつきっきりで看病していても、医師や看護師がいる病院でも、気づかれないうちにひとりで息を引き取っていく方はたくさんいらっしゃいます。

逝き方は、人の数だけあります。

ひとりで立派に終う孤独死も、孤高死だと誇っていいと私は思います。

身体は単なる乗り物です。どんな死に方をしたとしても、自分が乗り捨てた身体は、結局は焼かれて骨と灰になるだけですから。

心に落とし込む
人はとことん
ひとりであると

第2章

人生の最期に寄り添う準備

覚悟する

終《つい》の住処《すみか》をどこにするか

日本人の7割が病院で亡くなっている今では、人が死ぬまでのプロセスに立ち会う機会が昔より少なくなっています。若い方ですと、棺に納められる前のご遺体に接した経験がないという方もいるでしょう。

そのせいか「死」をリアルに感じられないまま、いきなり家族の看取りに直面せざるを得なくなるというケースは珍しくありません。

いつまでも元気だと思っていた親御さんや義理のご家族の介護が突然スタートするような状況に置かれたとき、はじめてのことゆえに、とてつもない不幸や災難が自分たちを襲うように感じる方もいるかもしれません。

「お父さんをどうする?」「お母さんをどこに入れたらいいの?」という言葉を

よく耳にするように、家族をモノ扱いしたり、急いで結論を出したくなったり、介護にかかわるお金や労力ばかりが気がかりにもなるでしょう。

大切な家族をどこで看取ればいいのか？　正解のない、この切実な問題に多くの人が頭を悩ませています。施設でお世話してもらうのか、自宅で看取りをするのか、治療法や最期の迎え方に至るまで、たくさんの選択肢があって迷うと思います。

けれども、まずは介護されるご本人が何を望んでいるのか、そして自分はどういった意志を持っているのか。方針を決めるための話し合いを行うことが大事です。

親孝行したいけれど、自分の生活は守りたい。
嫁だから娘だから面倒みて当然、と言われた。

このようにお互いの気持ちがブレたり、それぞれの考えが矛盾したりすることがあって、方針が固まるまでは苦しいかもしれません。

ただ、選んで決定するという場面では、十分に自分で決めたことが腹落ちしている状態で、どんな結果になろうと覚悟する心構えを持って臨んでいただきたいのです。


介護や看取りにおいて、ご本人の代わりに選択する場面も少なくありません。「病院の先生が勧めているから」「同じ病気の人はこうだったから」といった他人の意見は、検討するための「情報」にすぎません。

今は情報がたくさんあって、正解を自分だけが見つけられていない気がするかもしれませんし、何を選んでも失敗したのではないかと思い、別の選択肢の存在がちらつきます。


しかし、決めるとは、選んだ道以外の選択肢を捨てることです。

決める、選ぶという大仕事を他の人に委ねず、自分で導き出した答えに対して腹をくくる。その勇気を持てるかどうかだと思います。

他人は
あなたの悩みに
答えをもたらさない

頼る

老いる不安や心配の行き先

高齢でひとり暮らしの親が心配。
子どもになるべく迷惑をかけずに老後を過ごしたい。

ご自身やご家族の「最期」について、漠然とした心配事がある方にお勧めする最初の一歩は、各市町村に設置されている地域包括支援センターへの相談です。皆さんの住む地域にあって、誰でも無料で利用できます。そこでは、ケアマネージャーさんや保健師の方たちから、医療保険や介護保険のサービス（デイケア、訪問介護、特別養護老人ホーム、介護老人保健施設といった施設サービス）などの情報が提供されます。

介護福祉のサービスは、困っている私たちが行動することからしか、はじまりません。「こんな些末なことを相談して大丈夫だろうか？」と遠慮せずに、早めに相談することで不安が解消されることがあります。

また、地域包括支援センター以外にも、相談できる場所をいくつか作っておくといいと思います。少なくとも家族、医療者、行政といったようにコミュニティの違う3人に相談してみることで、切り口の異なる考え方が見えるかもしれません。各専門家が正解を持っているとは限りませんし、あくまで選択肢を多く持ったにすぎませんので、相談相手の返事に一喜一憂せずに、自分にとってしっくりくる答えを探ってみてください。

また、介護や老後の生活を考えるにあたって、お金があまりないから心配だという方もいらっしゃるでしょう。もちろんお金についても考慮する必要はありますが、私が数多くの介護生活を送っていらっしゃる方々を拝見していて、金銭的に余裕があるかどうかよりも、活用できるサービスをちゃんと知っていること、そして、他人の力をきちんと頼ることのほうが重要だと思っています。

ある高齢者の女性は、ひとり暮らしで生活保護を受けていて、普段は家にいるよりも、コンビニで時間をつぶしたり、区のサポート施設で過ごしたりしていました。あちこちに顔を出していて、いろんな場所に知り合いがいたおかげで、近頃見かけないことを心配した施設のスタッフが自宅を訪ねたところ、亡くなっているのがわかったそうです。

選択と決断を他人に委ねないでほしいとお伝えしましたが、**「他人任せにしない」と「他人の力を借りてはいけない」は、別物です。**

人が老い、できないことが増え、体力や気力が衰えていく過程は自然なこと。できないことが増えた自分や周囲を認めて、助けを求められるかどうか。
生きていくということは、容姿も立場も考え方も変わっていくことだと思います。

依存する先を
複数持つのも
自立の証

受け入れる

ゆるさとゆとりを持つ

世の中には、「家族なら施設に入れるべきではない」「延命治療はしなければならない」という考え方もありますが、「〜べき」や「〜ねばならない」を強いる必要はないと思っています。

私は自宅で訪問看護を受けながら夫を看取りましたが、在宅での看取りを強くお勧めしたいわけではありません。看護師なので自宅での看取りがスムーズだったのだろうと思われがちですが、自宅で家族を看ているときは感覚が鈍って、客観的な判断ができなくなったこともありました。病院の患者さんだったら「赤信号」だと思う状態でも、相手が夫で自宅にいると「大丈夫かもしれない」と最後まで希望を持っていたのです。

夫の療養生活がはじまった当初は、私が日中仕事に行っている間、夫は洗濯をしたり写真を撮ったりと、いつもと変わらぬ平穏な日々が続いていました。

徐々に夫の身体に変化が表れてきたのは、1年半ほど経った頃。筋力が落ちてふらつく、重いものが持てない、食べ物をうまく飲み込めない、睡眠リズムが不規則になる、といった症状が見られるようになりました。

こうなってくると、「さすがに家でひとりにしておくのは危険」と判断して、私は仕事を休職。本格的な在宅ケアがはじまると、夫の身体はどんどん弱り、階段を一段ずつ降りるように悪くなっていきました。

決定的なアクシデントが起きたのは、亡くなる2ヶ月ほど前のゴールデンウィークの頃です。身の回りのことはまだ自分でできた夫に、「大丈夫だから」と背中を押されて、思い切って子どもたちと両親と2泊3日の旅行に出かけ、帰宅すると1階に夫の姿が見えません。コンコンと上から音がするので「まさか！」と思い2階に駆け上がると、夫が横向きに倒れて身動きがとれないまま失禁していたのです。

床側に押しつけられた夫の頬、肩、腕、膝は床ずれができて真っ黒になり、壊死寸前の状態。慌てて救急車を呼ぼうとしましたが、それでも夫は病院に行くことを拒みました。

両親や周囲の人たちには、「やっぱり病院に連れて行かないとダメ！」と責められるばかりでしたが、すでに夫は入院して治療を受けてもよくなる段階ではありませんでした。寝たきりになった夫は要介護5と認定されたので、介護ベッドをレンタルして本格的な終末期ケアがはじまることに。

その後も試行錯誤しながら何とか夫の望みを通すことができましたが、在宅での看取りには、フォローしてくれる医師や訪問看護師、ケアマネージャーやヘルパーさんたちのマンパワーが必要だと改めて痛感しました。

自分が自宅での看取りを経験してはじめて、在宅療養していた終末期の患者さんが、最後の最後に救急車で病院へ運ばれてくる理由がわかりました。**死にゆく人の身体がどんどん変化していく様子を見て介護する側の動揺が抑えられなくなるからです。**

自宅で一生懸命介護した家族が、病院で亡くなったことを失敗と捉える方もいらっしゃいます。けれど、最後の最後で病院に駆け込みたくなるときは、迷わず救急車を呼んで、医療従事者にバトンタッチすることに後ろめたさを感じる必要はないと私は思っています。

何事もトラブルが起こらず順調に進むことは稀で、状況が変われば対処の仕方も変わります。あまりに初志貫徹が行き過ぎてしまうと、身動きがとれなくなる可能性もあるので、どんな結果に転んでもいいというゆるさを持つと心が楽になります。

一生懸命だけが
ベストな選択ではないときも
人生にはある

息を引き取るまでの身体の変化

着地する

令和元年における日本人の死因となる三大疾病は、がん、心疾患、脳血管疾患で、他には肺炎で亡くなるケースが多いといわれています。

人が亡くなるまでの3ヶ月間ほどの経過は個人差があるものの、「痛み、便秘、不眠、食欲不振、吐き気」など共通点があります。これは病気が原因というより、人間の身体が弱ってくると自然に現れる症状です。現代の緩和ケアでは、進化した医療技術や薬のおかげで、こうした症状に苦しまずに済むように対処できるようになっています。

ここからは、終末期に入って多くの人が着地するまでの身体の一般的な流れを3ヶ月ほど前からお伝えしていきます。すべての人がこの流れを辿るわけではなく、例外もありますので基礎知識として参考になさってください。

家族や親しい人の死に接する前に、死にゆく人の身体に起こる症状を前もって知ることで、いざというときの混乱を減らせるかもしれません。

亡くなる3ヶ月前

外の世界に興味がなくなります。人に会いたがらず、外にも出かけず、新聞やテレビも見たくなくなります。これは、身体はまだつらくなくても、心が自分の内側に向いていくためです。そのことによって、自分の人生を振り返る時間が増え、過去のことをしきりに話したがるようになります。

身体の変化として、食欲が落ちて、痩せていきます。食欲がなくなるのと同時に、眠っている時間は長くなります。

私の夫も亡くなる3ヶ月ぐらい前から、よく眠っていました。ただ眠りはあまり深くなく、よく夢を見ていたようです。

亡くなる1ヶ月ぐらい前

自律神経など身体のバランスが次第に崩れて、生命を健康な状態に保つ力が弱ってきます。血圧、心拍数、呼吸数、体温などが、何の原因もなく上がったり下がったりして、振り幅が大きくなることもあります。

血圧が急に下がって、暑くもないのに冷や汗をかいたように肌がベタベタすることがあります。血圧の低下により血流が悪くなり、呼吸機能が低下して酸素を十分に取り込めなくなるため、肌や爪の色が黄色くなったり、手足の先が青白くなったりすることも。

臓器の機能もどんどん低下していきます。無理に栄養や水分を与えてもうまく吸収できないため、身体に水が溜まってむくんでしまいます。

一日のほとんどを眠って過ごすようになり、夢や幻覚を見るようになります。「亡くなったお母さんが川の向こうで手を振っていた」とか「暗いトンネルの向こうに明るい光が見えた」といった〝お迎え現象〟と言われる夢を見る人も少なくありません。

亡くなる2週間〜1週間ほど前

痰が増えてゴロゴロという音がするようになります。気管の繊毛運動が弱まり、外に出せなくなった痰が溜まるのです。亡くなる数日前から数時間前に、いきなり痰が増えてゴロゴロと音がする人もいます。これを「死前喘鳴《ぜんめい》」といいますが、1〜2週間前に痰が増加するのと同じ現象です。

この時期は体内のガス交換がうまくいかず、慢性的な呼吸不全に陥《おちい》る場合があります。すると体内では酸素不足となり、だるさや痛みとなって現れてきます。これは、身体のどこかが痛むというものではなく、全身をタオルのように絞られるような、内側から染みだしてくる痛みです。

亡くなる数日前

急に体調がよくなることがあります。意識もはっきりして、「誰々に会いたい」「好きなものを食べたい」と伝える人もいます。もちろん、亡くなる寸前の人がすべて急に調子がよくなるわけではなく、そのまま静かに着地する方もいます。

亡くなる24時間前

まず、尿が出なくなります。同時に、顎を上下に動かす下顎《かがく》呼吸がはじまります。病院ではこのタイミングで、「ご親族など親しい方に集まっていただいたほうがいいでしょう」と話します。

最期に、呼吸が止まるときは、息を吸って亡くなるケース、息を吐いて亡くなるケースどちらもありますが、私が見てきた限りでは、息を吸って亡くなるケースが多かったように思います。

知識に触れておく
死にゆく人と
向き合う未来のために

衰弱するとは不安定だということ

認める

昼と夜
光と闇
明と暗

世の中のすべてに、陰と陽の二つの面があります。私はこの二つの真ん中でバランスよく安定し続けるのが、生命力だと考えています。血圧や体温、呼吸数が安定しているのは、生命力が強いということです。

高齢者や死にゆく人は体調や精神がとても不安定になるので、扱いづらい人に見えます。それは生命力が弱まるため、身体の調子、心の状態、考え方が安定せず、揺れる振り幅が大きくなるからです。

終末期を迎えている人が「苦しいから、早く逝きたい」と口にした数分後に、枕元のお孫さんの写真を見て、「この子が七五三をやるまでがんばらなくちゃ」と決意を語ることもあります。「生きているうちにもう一度だけ温泉に行きたい」と言われて、家族の方たちが慌てて車椅子や旅行の手配をしたら前日になって、「やっぱりしんどいから、いいよ。行かない」なんて心変わりされることも。

身体の状態と心のありようのちぐはぐさや相手の言葉の変わりように、驚きやショックを感じることがあると思います。

死にゆく人たちの気持ちの揺れ動くさまは、人によっては人格が変わったと思うほど大きいものですが、その振り幅は死という着地に向かってだんだんと小さくなっていきます。

普通に仕事に行ってごはんを食べて健康に生活している人たちからすると、この気持ちが大きく振れるさまを理解し、これから死にゆく人の気持ちに寄り添うことは大変つらいでしょう。

「俺はもうすぐ死ぬんだろう」などと面と向かって言われると、励ましたり、無理に明るく振る舞いたくなるかもしれませんが、元気な人が何を話しても他人事のように聞こえてしまうのではないかと思います。

死を達観したり、余生を諦めたりしているように見えている人でも、後悔や執着がゼロとは限りません。

第1章で紹介した「死の受容プロセス」の提唱者である、精神科医のエリザベス・キューブラー・ロス氏は、脳梗塞で半身不随になり、終末期を寝たきりで過ごしました。医師や看護師の教科書に載るほど立派な終末期研究を残した彼女でさえも、死の床で「死は受け入れられない」と語ったといわれます。

生き物の「本能」として、仏教でいうところの「煩悩」として、1分でも1秒でも長くこの世にしがみつきたいと考えるのが人間だと思うのです。

死にゆく人には
健康な人にはわからない
後悔や執着がある

共存する

心の悪魔を殺さない

死にゆく人もつらいけれど、寄り添う人もつらい。それが、看取りの現実です。介護生活で我慢の限界を超えると、「一日でも長く生き延びてほしい」という願いに反するように、「早く死んでくれたら楽なのに」という気持ちが湧き起こることもあります。

平成29年度の厚生労働省の調査によると、自宅で起きた家族による高齢者虐待は年間1万7000件以上もあることがわかっています。家族を介護している人ならば、お互い時間をかけて築いてきた物語があるため、まっさらな気持ちで向き合いづらいときも出てくるでしょう。

「私が子育てで大変なとき、あなたは遊びに行ってたくせに今は介護をさせて」

「昔は快活だったお母さんが、今はおもらしを」というように、人生の長い時間を共有してきた相手だからこそ、元気だった頃の姿と比べて嘆きたくなってしまう。

私は、夫を介護しているときに癇癪《かんしゃく》を起こして、汚れたシーツを捨てる前にビリビリに引き裂いたことがありました。その様子を見ていた息子たちは苦笑いしていましたが、心中穏やかではなかったはずです。

自己犠牲を美徳とする日本の風潮を感じることもありますが、365日「優しい人」「いい人」でい続けられる人などいません。

陰陽のお話をしましたが、人の感情にも、悪魔のような陰の部分と天使のような陽の部分の両端があります。すべての人が相反する感情を持っています。

さまざまなトラブルや出来事は、あなたの中の天使と悪魔を認めるための課題のようなものです。あなたの中にその二つがあることを認めてあげると、ブレることのない「真ん中」の道が見えてきます。この真ん中の道が仏教でいう「中道（極端な考えにかたよらない妥当な道）」と呼ばれるものです。両極端を知らないと、なかなか真ん中の道を歩くことはできません。

がんばれるときは力を注ぎ、できないことややりたくないことがあったら、無理せずにギブアップと白旗をあげる。

すべてを他人に任せて、お金で解決することだってあっていいのです。

あなたの中の天使と悪魔。この両端を確認しながら、どちらかに転がり落ちないよう、真ん中をよろよろとゆっくり歩んでいきましょう。

人には
糞である部分と
玉のような部分がある
玉を慈しみ
糞と手をつなぐ

第3章

話すと放す
聞くと聴《ゆる》す

精神的苦痛とは違う心の叫び

問う

人は誰でも、生まれた瞬間から死亡率100%だということを、普段は忘れて暮らしています。元気なときは、明日が来るのは当たり前で、生きている意味を考えることはあまりないかもしれません。

しかし、東日本大震災のような災害や新型コロナウイルスのような感染症など、人間の「命の限り」を感じるような出来事がきっかけで、生死や人生についてモヤモヤとした気持ちが溢れてくるときがあります。「人の命はこんなにもあっけなく奪われるものなのか」「生きる意味とは何なのか」と思った方も多いのではないでしょうか。

生死について思いをめぐらすときに浮かび上がってくる、このような疑問や苦悩は、「スピリチュアルペイン」と呼ばれるものです。心の痛みや精神的な苦しみより、もっと奥深いところにある、自分の存在にかかわる潜在的な苦痛といわれています。

世界保健機関（ＷＨＯ）では、肉体的（フィジカル）、精神的（メンタル）、社会的（ソーシャル）、動的（ダイナミック）に加え、霊的（スピリチュアル）を健康の条件とする提議をかつてしていましたが、その「スピリチュアル」という言葉には宗教的な意味はなく、「人間が持って生まれた根源的なもの」だと私は解釈しています。

「私は何のために生まれてきたのだろう」
「なぜ苦しい思いをして人生を送らなければいけないのか」

もし、皆さんがこのような問いを抱くようになったら、それは普段なら閉まっていたスピリチュアルの箱のフタが開いたともいえます。「仕事がつらい」「家族とうまくいかない」といった精神的苦痛と違うところは、スピリチュアルペインには答えも解決策もないということ。このようなスピリチュアルペインを感じると、死ぬのが急に怖くなったり、生きていくこと自体がつらくなったりすることがあります。

仏教の開祖であるお釈迦様は、スピリチュアルペインがきっかけで出家しました。

インドの王族のもとに生まれたお釈迦様は、病や貧困で苦しんでいる人々がいる世の中の悲惨な状況を一切見せられることなく育てられました。しかし、あるとき勝手に家を飛び出したお釈迦様は、生まれてはじめて死人を見たのです。そこではじめて病気になるとは、死ぬとはどういうことかを追究しました。その衝撃によってスピリチュアルペインを感じ、苦しんで悩み抜くことで、精神性を上の次元へと高めていきました。

私たちは生きている間にどこかのタイミングで、スピリチュアルペインに向き

郵 便 は が き

料金受取人払郵便

代々木局承認

1938

差出有効期間
2022年10月4日
まで

1 5 1 8 7 9 0

203

東京都渋谷区千駄ヶ谷 4-9-7

(株) 幻 冬 舎

書籍編集部宛

1518790203

ご住所 〒

都・道
府・県

フリガナ

お名前

メール

インターネットでも回答を受け付けております
https://www.gentosha.co.jp/e/

裏面のご感想を広告等、書籍の PR に使わせていただく場合がございます。

幻冬舎より、著者に関する新しいお知らせ・小社および関連会社、広告主からのご案内を送付することがあります。不要の場合は右の欄にレ印をご記入ください。 不要 □

本書をお買い上げいただき、誠にありがとうございました。
質問にお答えいただけたら幸いです。

◎ご購入いただいた本のタイトルをご記入ください。

『　　　　　　　　　　　　　　　　　　　　　　　　』

★著者へのメッセージ、または本書のご感想をお書きください。

●本書をお求めになった動機は？

①著者が好きだから　②タイトルにひかれて　③テーマにひかれて
④カバーにひかれて　⑤帯のコピーにひかれて　⑥新聞で見て
⑦インターネットで知って　⑧売れてるから／話題だから
⑨役に立ちそうだから

生年月日	西暦　　年　　月　　日（　　歳）男・女			
ご職業	①学生	②教員・研究職	③公務員	④農林漁業
	⑤専門・技術職	⑥自由業	⑦自営業	⑧会社役員
	⑨会社員	⑩専業主夫・主婦	⑪パート・アルバイト	
	⑫無職	⑬その他（　　　　　　）		

このハガキは差出有効期間を過ぎても料金受取人払でお送りいただけます。

ご記入いただきました個人情報については、許可なく他の目的で使用することはありません。ご協力ありがとうございました。

合うことになっているように思います。正解のない問いを抱えて悩み苦しむことは、他人に対する優しさや思いやりや、想像力にもつながっていくのではないでしょうか。

「わからないものをわからないままに」しておくのが苦手な私たちは、ネットで調べたり他人に聞いたり、自分自身を納得させようと躍起になります。けれど、「わからないことをわからないままに」できる度胸は、生きていく上で必要なときがあります。答えのない問いを眺め続けられる力の種は、あなたの中にすでにセットアップされているかもしれません。

なぜ生まれてきたのか
問いを持つ人の中に
答えがある

聴《ゆる》す

沈黙というコミュニケーション

私が行っている活動の一つに、スピリチュアルペインを感じている人の話に耳を傾けるスピリチュアルケアがあります。

お話を聴かせていただいている方の多くは、人生の最期をホスピスや自宅で過ごしている方々です。患者さん自身がお話をしながら、気持ちを整理し、穏やかな着地態勢に入るのを見守るのが私の役割です。

対話している方たちからは、「あなたは僧侶ですか？　看護師ですか？」とよく質問されますが、あえて言えば、看護師は私の仕事で、僧侶は私の生き方です。その二つがすべてのベースになっているので、「どちらですか？」と聞かれたら、「私です」と答えています。私という人間が、私のままで皆さんと向き合わせていただいています。

スピリチュアルケアは「専門家でなければできないもの」と思っている人が多いのですが、そんなことはありません。スピリチュアルケアに、資格や肩書き、テクニックは必要ないからです。

ケアできるのは、苦しみを抱えている本人だけ。

スピリチュアルペインというのは、それに苦しんでいる人が身近にいても「他人にはどうすることもできない」ものであり、自分の中にその痛みがあったとしたら「誰かに頼っても解決できない」ものです。

スピリチュアルケアにおいて、他人ができることがあるとすれば、モヤモヤとした思いを抱えている人の吐露に耳を傾けること、そして、その人が思いを整理するところを逃げ出さずに見守ることです。

相手が黙ったら、私も黙る。

沈黙しているときは、その方が問題について真剣に考えていることが多いもの。会話が途切れて静かな空白が生まれることは、悪いことでも気まずいことでもないのです。

たとえば、「こんな病気になるなんて、ろくな生き方をしてこなかった罰だよね」と呟かれると、「罰なんかあるわけないよ」と否定や励ましの言葉を思わず返したくなります。けれども、それは「罰じゃないんだ」と納得して、安心して逝ってほしい、というこちら側の期待を押し付けているのではないかと心配にもなります。

その人が強く持っている思いや考え方を変えようとするよりも、ただ耳を傾けているだけで、「罰なんだよね」という思いを本人の気が済むまで吐き出してもらうことができます。

以前は、「なるほど」と返事をしていたことがあったのですが、「何もわからないくせに、上から目線でわかったようなフリをするな」と相手を怒らせてしまったことがありました。以来、絶対に「なるほど」とは言わないようにしています。

私はお坊さんなので、「死んだらどうなるの？」と聞かれることもよくありま す。そのときは、「どうなると思っていらっしゃるのですか？」と聞き返したり、その方の話に耳を傾けながら、「うん」「うーん」「うんうん」とバリエーションをつけて、いろんなウンを繰り返したりしています。


向き合う問題が重過ぎて、ひとりでは押しつぶされそうになってしまうから、誰かに話すことで、気持ちを軽くしながら、自分自身を整理していく。そのために邪魔をしない聞き手になることができたらと心がけています。

聖徳太子が書いた文章に、「聴す」と書いて「ゆるす」と読むものがあります。その人の話をちゃんと聴こうと思うときは、相手を許しているということです。

私は傾聴モードでいるときは、すべてをゆるしますという態度で、相手に語りかけるよりも、まず同じ空間にいさせてもらうことを第一に考えています。

説得や提案はしない
できることは
ただ見守るだけ

流す

脱自己満足、脱自己顕示

私が代表を務める大慈学苑では、訪問スピリチュアルケアを志している人の育成も行っています。

訪問スピリチュアルケアとは、患者さんの、ご家族や医師、看護師さんに言えない悩みや簡単に答えの見つからない問題に、一緒に向き合っていく仕事です。

訪問スピリチュアルケア講座でよくお話しするのですが、私は自分の存在を「トイレ」だと考えるようにしています。**心の奥の深いところに溜まった苦しみを出したい人が来たら、ただ温かくて、安全な場所としてそこに在《あ》る。**吐き出したいものがある人が唯一、何でも言いたいことが言えて安心できる場所。お節介で過度なサービスはトイレには要らないと思うのです。

中には、スピリチュアルペインを吐露するというより、ただ人の悪口や愚痴を言うだけの人もいます。高齢者に愚痴はつきものと言いますが、まるで息を吐くようにブツブツ文句を言って、人として承服できない言葉を聞くこともあります。

それでもトイレになっているときは、一切口出ししません。相手が話したいことを言い終えたら、トイレの水を流すようにザーッと気持ちを洗い流せばいいのですから。

「最近よく眠れない」と患者さんが洩らすと、「じゃあよく眠れるように、マッサージをしてもらおう」「安眠しやすい寝具に換えよう」と家族は動きたくなるものです。医師や看護師も、「睡眠薬を処方しましょうか」という対応をするのが一般的です。

しかしこの患者さんの「眠れない」には、本当は「心の痛みのせいでよく眠れない、心の痛みを誰かに聞いてほしい」というケースもあるのです。

死を迎えようとしている人が迷っている様子や、思い悩む姿を見ると、そばでお世話をしている方たちはすぐに動きたくなるものです。その存在は本当に有難いですが、思いっきり揺れを見せても振り回されない人がそばにいたら、「この人だったら」と安心して揺れを見せられるのではないでしょうか。

相手の悲しみや苦しみに同調しすぎないことが、相手にとって楽なこともあるのです。

安心できる
トイレのような
存在でいられるように

見返りを求めると疲弊する 吐く

私は夫を看取ったときに、看取る側にもスピリチュアルケアが必要だと痛感しました。

介護生活で一番つらかった時期は、夫の睡眠時間が不規則になって、私が寝ようと思ったら呼び出されたり、徘徊がはじまったりして、24時間ほとんど休めなかった頃です。

褒めてもらいたいわけでも、アドバイスがほしいわけでもなく、ただ誰かに話を聞いてほしい、このつらい気持ちを誰かに話したいということが多くありました。

目の前のやるべきことに追われすぎて、「もう介護は嫌なんですよ」と誰かにぼやいても、「今あなたがそんなこと言ってどうするの？」「がんばって」と応援されて、ますます追い詰められることもあります。

介護にやる気がないと陰で言われるんじゃないかと心配して、誰にも弱音や愚痴を吐かずに押し殺してしまう方も多いでしょう。介護生活をしている限り、旅行もできない、友だちと遊びにも行けないと思いはじめると、悲しみでいっぱいになります。

真面目に付きっきりでお世話をして、少しでも良くなってほしいとがんばっていても、すべてが面倒になって逃げ出したくなることだってあります。栄養をつけてほしいと思って手の込んだ料理を作っても、本人が食べてくれないときもある。自分がよかれと思ってやったことが、必ずしも相手に届くとは限りません。

介護に限らず何事も、自分がやりたくてやっているうちはいいのです。「やってあげている」とか、「やらなきゃいけない」と思いはじめると、自分がどんどん苦しくなっていきます。
そのようなとき、介護する側にもケアしてくれる後ろ盾が必要なのです。介護する人の苦しみに誰かが耳を傾けて、はけ口になってくれたら、最悪の事態をまぬがれることは多いと思います。

たとえば、終末期の着地態勢に入ったお母さんの話を、娘や息子が聞くのであれば、その娘や息子も、「お母さんからこんな話を聞いてすごくつらかった」と誰かに話すこと。話す相手がいない、あるいは、誰かに話すほどではないけれど気持ちをリセットしたいという場合は、自分でリカバリーできる方法を見つけてもいいでしょう。

何をしたら、自分が満たされるだろうか。どうすれば、自分の機嫌がよくなるだろうか。それを、窮地に陥ったときに考えるのはなかなか難しいものです。ゆとりのあるときに、自分は何をしているときが癒やされるだろうかと、ピックアップしてみるのもいいでしょう。

私の場合ですと、息子たちには内緒で自分だけケーキ食べちゃおうとか、お風呂に入浴剤のバブを二つ入れちゃおうとか、あまりお金をかけずに、自分のテンションがあがるような試みをしていました。

夕日を見て涙が溢れてきたり、音楽に心が震えたり、樹木に触れたりして、心がふわっと軽くなったときは、ケアされている状態だといえます。ペットと触れ合ったり、美味しいものを食べたりするなど、自分をケアできる方法や心の避難先を30個くらい持っているといいと思います。

自分を無理にごまかして、やりたくないのに誰かに尽くしているうちに、「私はこんなにがんばっているのに」と感謝や見返りを過剰に求めるようになります。それが積み重なっていくと、「ありがとうぐらい言ってよ」と相手を攻撃する可能性も出てくるでしょう。

生活の大半ができないこと、やりたくないことでいっぱいになる前に、勇気を出してギブアップしてもいいのです。

感謝がほしくなったら
心の危険信号
相手のためは自分のため

戻る

後ろ姿を見守る存在

私たちはオギャーッと泣いて生まれて、赤ちゃんの頃にごはんやオムツのお世話をしてもらい、だんだんと成長して大人になり年老いると、今度はできないことが増えて、やがて命を閉じます。

人生の最終段階に入るのは、赤ちゃん時代に戻っていくようなものです。それはたとえば、ひとりでトイレができなくなる、勝手に徘徊するようになるといったことでしょう。

介護において、ご家族が元気なときは一人でできたことができなくなるのは、ショックが大きくてときに許せない感覚になります。「あんなに頼もしかったお父さんが、オムツをするように」「いつも明るかったお母さんが、おもらしするなんて」と、特に排泄の問題になると介護する側もされる側も、人としての尊厳が守れないなどといったネガティブな感情をお互いに抑えられなくなりがちです。

「昔はこんな人じゃなかったのに」と嘆いてしまうのは、いつまでも、自分が知っているお母さん、お父さん、夫や妻のままでいてほしいという切ない願いがあるからです。ずっと元気なままでいてほしい、いつまでも変わらないでいてほしいという思いと目の前の光景との間で引き裂かれるような気持ちになって、悲しくなってしまう。

ただ、それは生き物として当たり前に辿る道で、やがて自分もこうなるのだとわかってきます。

今でも思い出すのは、末期の肺がんになった母親を在宅で介護していた娘さんがパニックになってしまい、お母さんのほうから「少し娘と離してほしい」と病院に入院させてもらったケースです。医療従事者だった娘さんは身体をさすったり、アロマを焚くなどして、懸命にお世話していたのですが、大好きなお母さんがだんだん弱って死に向かっていく現実を受けとめたくなかったのでしょう。そのうち、何かにつけて騒ぎ立てるようになり、挙げ句の果てに、「死なないで！死なないで！」とお母さんにすがりついて泣いてしまったのです。

大切な人の命が尽きるのを見守っているとき、心の根っこにあるどうしても現実を受け入れられないショックから、心のバランスを崩してしまうことも往々にしてあります。「もう限界」と叫びたくなる精神状態が続くようでしたら、自分の置かれている立場から少し物理的に距離を置いてみることも必要です。

もし今、見たくない現実を受け入れられそうになかったら、ヘルパーさんに頼ったりデイサービスを利用したりするなど、他人の力を借りるのも一つの選択肢です。

自分が手を離すと決めたなら、「他人に家族が汚くしているのを見せるのは恥ずかしい」などと気にして中途半端なことはせず、全面的にお任せしてみましょう。ヘルパーさんは、本人の過去や人生の物語に過剰に首を突っ込んできたりしませんし、どんな状態でも見せたところでそこはプロですから、安心してお世話してもらってください。

私の息子たちは、父親を自宅で看取ったあと、「地に足をつけて生きる」ことを真剣に考え始めたように思いました。身近な人の看取りを目の当たりにすることで、ただ、漠然と楽しく生きるのではなく、主体的に生きる決意のようなものを感じ始めたのかもしれません。

もし、あなたが今、介護する相手のことが憎かったり、介護自体が虚しくなったりしてしまっているときは、あなたが介護している後ろ姿を誰かが見ていると信じてみてください。お子さん、ご家族、ヘルパーさん、地域の人たち、社会、神様、仏様のような大きな存在。あなたを見守っている存在が必ずいると私は思っています。

涙をこらえるときも
現実を受け入れられないときも
あなたを見守る存在がいる

最後に共有するもの 伝わる

これまでたくさんの方の臨終に立ち会わせていただきましたが、人の死に慣れることなどまったくありません。

死相を拝見するときはやはりぎょっとしますし、1分1秒と死期が迫っている人から、目を背けたくなる気持ちもよくわかります。

ご家族や身近な人の死を間近にして、一緒にいられる時間は残り少ないからとわかっていても、いなくなる現実を見たくない。そんな相反する感情を抱えている人もめずらしくありません。そうして距離をとっている間に、本人が亡くなってしまって「やっぱりもっとそばにいればよかった」と悔やむ方もたくさんいらっしゃいました。

病院や施設で見かけた光景ですが、お見舞いに来て患者さんが寝ているとわかると、すぐに帰る方が少なくありませんでした。終末期の方になると身体がしんどくて疲れているので、どうしても寝ている時間が多くなります。

「もうお帰りですか?」と尋ねると、「寝ていると、やることないですからね」とおっしゃるのですが、ご本人が目を覚ましたときに家族がそばにいてくれたら、どんなに嬉しいことでしょうか。

一緒にいられるのはあと何日だろうか。寝顔を見られるタイミングはあと何回残されているのか。数字で考えてみると限りがあることがより明確になってきて、当たり前のことが有難く感じられると思いませんか。

私が夫を介護していたときのことです。掃除や料理で忙しくしているときに呼ばれて夫の部屋に行くと、苛立っている私に夫はただ握手を求めてきました。不意のことで、私も握手をしてそのまま部屋を去り、夫も自分のパソコンで写真の作業に戻りました。二人の間に会話はなかったものの、今でも忘れられない出来事です。

私たちは自分の思いを言葉や行動にしないと落ち着きません。表現しないと相手に伝わらないと思いがちですが、大切な人のそばにいるだけで充分なのではないでしょうか。スキンシップだけで気持ちが伝わることもありますし、呼吸を合わせるだけで、この一瞬を生きていることを実感できたりもします。

同じ空間で、一緒に過ごす。最後の最後は、それだけでいいのだと思います。

唯一無二の命のそばで
ただそこにいるだけでいい
呼吸を合わせるだけでいい

捉え直す

死に目に会えなくてもいい

大切な人の死に目に会うことに、多くの方が強いこだわりを持っているように感じています。家族全員で亡くなる人を囲んで手を取りながら看取るイメージが浸透しているからでしょうか。

私たちは家族や夫、妻、友人、恋人と、相手が息を引き取る瞬間を見るために、一緒に生きてきたわけではないと思うのです。共に笑い合った出来事、喧嘩《けんか》して仲直りしたきっかけなど、これまでの時間をどんな風に過ごしてきたかのほうが、より意味を持っているのではないでしょうか。

人間は誰しも、生まれたときから死ぬまで、とことんひとりです。恋人がいても、家庭を持っていても、私たちがもともと孤独な生き物であることは変わりません。

「たまたま外出していたときに、ひとりで逝かせてしまった」と悔やむご家族もお見かけしますが、患者さんの中には「ひとりで逝きたい」とおっしゃる方もいます。一方で、もし、最期の瞬間にご家族が立ち会えたならば、それはそれで、良かったと思えばいいのではないでしょうか。

一貫性のないアドバイスと思われるかもしれませんが、お釈迦様が話の内容を相手によって変える「対機説法」と同じです。対機説法の視点で起きた出来事を捉え直してみると、マイナスに思えることのプラスの面が見えてくることもあります。

人生で起きる良いことも、悪いことも、あなたが原因であるわけでも、誰のせいでもありません。仏教では、「諸行無常」という言葉のように、どんなことも同じ状態が続くことはないという考え方をします。人も世の中も常に移り変わっていくからこそ、苦しさやつらさは、時とともに少しずつ薄れ、やがて流れていくものです。

思い出したくないようなつらい経験をなかったことにはできませんが、時が経った未来で、その経験の意味や筋書きを変えることはできます。「あの人に会わなければ」「こんな病気にならなかったら」と、過去にさかのぼって執着するよりも、ゆるゆると時が経つのを待ちませんか。今の状況だけを見て、悲観しすぎるのはもったいないと思うのです。

自分をゆるす
起こったことは
すべて良かったこと

第4章

今日をまず大事に生きてみる

育てる

幸せを感じる養分

私は、人は誰しもが自分の中心に一本の木を持っていると考えています。

この木のイメージは第2章でお話しした、仏教で言うところの「中道」です。心が振り回されそうになったとき、自分を見失いそうになったとき戻ってくるべき自分の真ん中です。

私は修行を終えて僧侶となりましたが、普段の生活でイライラしたりメソメソしたりするようなマイナスの感情がなくなったわけではありません。ただ、つらい出来事に対して、捉え方が変わりました。自分の身にふりかかることには何かしらの意味があって、自分の中の木を育てていくことに役立つと思えるようになったからです。

自分自身の木を育てるために、必要な養分は何でしょうか。
お金、肩書き、他人からの愛情や賞賛でしょうか。

外側から与えられる養分だけに頼ると、自分の思い通りにならないもどかしさや、誰かに認めてもらおうとするつらさに支配されてしまいます。いつも何かを求め、いつも何かが足りないと感じ、どうしても枯渇してしまうものです。

人間は5秒あれば損得を判断すると言われています。ほんの5秒間躊躇《ちゅうちょ》するだけで、「こうしたほうが自分の得になるんじゃないか」「自分ばかりが損していないか」と、損得勘定をしはじめてしまうそうです。目先のメリットばかりに振り回されると、本当は自分にとって何が大切なのだろうか、何がしたいのだろうかという大事な幹の部分は、置き去りにされてしまいます。

幸せを感じる第一歩は、自分自身の内側から湧き出る養分で、自分の木を豊かに育てられることではないでしょうか。ただ、自分にだけいっぱい養分を注ぐと腐ったり、誰にも負けない木にしようとがんばりすぎると、案外簡単にポキッと折れてしまうこともあります。できることなら、風が吹いたらしなるような柔らかい木のように生きられるといいですね。

他人との違いを気にせず、あるがままに自然体で生きていく。そういう日が積み重なった先に、自分の居場所は自分自身の中にあると思えるようになるのではないでしょうか。

あなたを認めてくれる
一番心強い味方は
あなた自身

マイナス思考予防の儀式

断ち切る

私たちは、良いことよりも悪いことに気をとられがちです。

悪いことは一つ一つ明確に覚えているのに、些細な良い出来事は気に留めずに忘れてしまいませんか？

特にマイナス思考が強い人は、負の感情がまるで鎖のようにつながって、自分をぐるぐる巻きに縛り付けて苦しくさせています。

どうすれば、意識的にマイナス思考を断ち切ることができるでしょうか？

私が毎日続けているのは瞑想です。朝起きると、まずお経を唱えて、30分〜40分ほど瞑想します。お経や、お線香の匂いや、仏壇のお鈴を「チーン」と鳴らすことが、マイナス思考のチェーンを断ち切る儀式になっています。

そのとき注意しているのは、匂いや音、味覚など五感に働きかけるアイテムを取り入れて、「今、自分の軸に戻っているんだ」「マイナス思考を断ち切っているんだ」と強く自分に言い聞かせることです。今ではお線香の匂いを嗅いだり、「チーン」を聞いたりするだけで、いつもの平静な状態の自分に帰れるようになりましたが、10年以上修行している中で、究極の瞑想ができたのはたったの2回だけです。

瞑想をするときの注意点は、誰かに声をかけられない環境で行うことです。瞑想中は目を半眼《はんがん》にして少しだけ開けておくか、完全に目を開けておいてもいいでしょう。私はよく**目の前にきれいな川があるとイメージして、そのせせらぎに流れてくる葉っぱに、頭に浮かんできたことを一つ一つのせて流れていくままにします。**

瞑想の効用については、2018年、タイ北部にある洞窟に入った10代のサッカー少年12人と25歳のコーチ1人が、大雨による水位上昇のため洞窟から出られなくなった出来事が印象的です。結果的に彼らは、9日後に無事に発見され、17日後に全員救出されました。

発見したダイバーが洞窟に入ったとき、少年たちは、体力を消耗しないため、そしてパニックにならないため、洞窟の壁からしたたり落ちてくる水を飲みながら、ずっと瞑想をしていたといいます。彼らに瞑想を教えたコーチは、10歳のときに家族全員を病で失い、仏教の僧院で暮らしていた頃に瞑想を覚えたそうです。瞑想のおかげで心を落ち着かせ、不安や恐怖やネガティブな思いをやり過ごして、じっと助けが来るのを待つことができたのだと思います。

この話を知ったとき、「たとえ死の恐怖が押し迫っているときでも、瞑想によって10分でも20分でもそこから離れることができれば、人はこんなにも強く冷静でいられるんだ」と思ったものです。瞑想にはそれほど心を安定させる力があります。

瞑想を続けるためのコツは、途中でやりたくない日やできなかった日があっても、めげずに継続すること。僧侶の修行も同じです。毎日同じ時刻に起きて灯明をつけて、掃除して、お経を読む。そういった型を身体に叩きこんでいくことで、自分がどんな状態にあっても、自らの軸に戻りやすくなるのだと思います。

自分を取り戻す習慣を
毎日繰り返して
心を安定させる

蓄える

なるようになる

大切な人を亡くすと、言葉では言い表せないような虚無感や喪失感に急に襲われます。私が夫を看取ったあとに経験した感覚は、たとえて言うなら、あるとき突然、落とし穴にドボンと落ちてしまうような感じでしょうか。

突然、うわーっと嵐のような悲しみに襲われたときは、泣きたいだけ泣いていいました。子どもたちになるべく心配をかけないように、「泣きモードが来ました！」と宣言していましたが、泣きはじめたら食事の支度などできません。

すると子どもたちも慣れてきて、「また泣きモードが来たから、今日は出前だね」と先を読めるように。私の母親からは、「子どもたちの前で泣くもんじゃない」「あなたがしっかりしないでどうするの？」とお説教をされましたが、悲しみの穴に落ちている間は、気丈な母親のフリなどできないと、割り切っていました。

今振り返ると、当時の私は誰かに話したくて仕方なかったのだと思います。自分の中でモヤモヤしていることを、しゃべることで振り返りたかった。夫の様子が何だかおかしいと思っていたら、がんが再発していたこと。ヘルパーさんに叱られたり、両親に責められたりしたときの、どうしようもない思い。

それまで誰にも言えなかったことを、洗いざらい話せたときはとても楽になり、心も軽くなって、「私はすごく寂しかったんだな」と気づくこともできました。

誰かに話すことで、心の中の荷物を放すことができたのです。

私は看護師学校で学生たちに教えることもありますが、教育は10年という考え方で接しています。授業ですぐに理解してもらうことより、10年後「あのときの玉置の言葉はそういうことだったのか」とどこかで思い起こしてもらえればいい。

それは看取りにも言えることかもしれません。大切な人が亡くなったことから私たちが回復し、何かに気づくとしても、同じように時間がかかるのでしょう。悲しみの底までドボンと落ちたあとは、ゆっくり、少しずつ浮かび上がってくる力を蓄える期間が必要なのだと思っています。

すぐにいつも通りの生活に戻ろうとか、がんばって前を向こうと急ぐ必要はありません。10年くらいゆっくり歳月をかけて、自分の中にその方の命を落とし込んでいけたらいいと思うのです。

どん底に足がついたら
ゆっくりと
浮かび上がればいい

感じる

すべての命は回っている

医学の世界では、患者さんが息を引き取ったら「ご臨終です」と告げて、ここから先は死体です、という意味で区切りをつけます。

でもそれは肉体に限ったことで、その人の存在がこの世からすべて消え去ってしまったとは言い切れないと思いませんか？

たとえば、水は、雨が降ったあと山から川に流れて、人間や動植物の飲み水となり、尿や排水は下水から海に流れて、蒸発して雲になったあと、また雨を降らせます。生き物の亡骸《なきがら》も、他の生き物の食料となり、あるいは土に還って、動植物の命へとつながっていきます。生きとし生けるものすべての命がぐるぐる回っているなかで、人間だけ回らない気がしないのです。

私は、看取ってから年月が経つと、亡くなった人は小さな粒となり、やがて宇宙と一体化すると思っています。私がそのことを実感したのは、護摩行をしていたときでした。

護摩行というのは、護摩釜に積み上げた護摩木で火を焚き、油や穀物や樒《しきみ》の葉をまいて空気や風を見ながら火を燃え盛らせ、仏様に届ける修行です。護摩行をはじめるときは、3時間ほど前からお経を読んで、過去、現在、未来の仏様にお集まりいただきます。そのあと、護摩木を焚いて燃え上がった火はどんどん大きくなっていき、ピークを迎えると小さくなっていきます。

護摩行の最中に雑念が湧いたり、集中力がなくなったりすると、途中で火が消えて護摩木が残ってしまいます。たとえ、燃え切っても、雑念があると釜の底に真っ黒な灰が残り、清い心だと白い灰が残る、と言われています。

何度も護摩行を重ねて、ある日釜の中に残った真っ白な灰は、火葬場の窯の中から引き出された夫の骨と同じ白さでした。

燃え尽きて宇宙《そら》へと解き放たれた小さな粒たちが、また呼び集められて生まれる。その繰り返しである護摩行の中で、「これは、人を生んでいる。人はおそらく、こうやって輪廻転生《りんねてんしょう》していくのだ」と感じました。

私や息子たちは、霊感はまったくありませんが、夫のエネルギーの気配を感じることがよくありました。2階にあった夫の部屋には誰もいないはずなのに、まるで本人が歩き回っているかのように、天井がギシギシ鳴る音が聞こえるのです。子どもたちと3人でごはんを食べているときに限って、リアルな物音が聞こえるので、そのたびに、「あ、またお父さん来たね」と言い合ったものです。

「死んだらどうなるのか」というのは、死んだ人にしかわからない永遠のテーマです。もちろん、考え方は人それぞれで、ある精神科医の先生は、「死んだら終わり」と思うよりも、「死後の世界がある」と考えたほうが得をすると話していました。看取る側も、看取られる側も、死後の世界があると思うと少し気が楽になるのかもしれません。

燃え尽きた命は
宇宙《そら》に散っていき
また集められていく

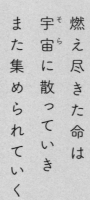

待つ

がんばりすぎなくていい

人は誰しも、生きている間に与えられた課題を解決してから命を全うすると第一章で述べました。この人生の課題はインド哲学の言葉だと「カルマ」と言います。

たとえば、自分の中でうまくいかないことや不運に感じることがあると、「今生の自分に仏様が与えたカルマだ」と考えます。

カルマ探しの方法には、主に三つあります。

①最近あった嫌なこと
②これまでの人生で嫌だったこと
③幼いときに経験した嫌な記憶

これらを書き出してみると、共通するような自分自身の課題が浮き彫りになってくるはずです。カルマに気づくだけで、悩みの8割は解決すると言ってもいいでしょう。

私は、社会人のはじめは法律事務所に勤めていましたが、長男が母乳さえ飲めないほどの重度のアレルギー症状を持って生まれてきたため、「長男専属の看護師になろう」と看護師免許を取得しました。

ところが、長男のアレルギーがだいぶ軽くなってきたのを機に病院で働きはじめたら、最初の夫と考えが合わなくなって離婚することに。

カメラマンの夫と再婚して次男が生まれたのは大きな喜びでしたが、まさか夫を在宅で看取ることになるとは思いもしませんでした。そして今、こうしてスピリチュアルケア活動をしていることも、まったく想像できませんでした。

その都度どうすればいいか考えて行動してきただけです。こうしたこともすべて私のカルマだったのでしょうね。

人によっては、人生の課題に直面しても、トントン拍子にうまくいくこともあるでしょう。大きなことから小さなことまで、うまく事が運んでラッキーが続くときが、まさにカルマを達成するタイミングなのです。

カルマを達成すると、うまくいかないと思っていたことがピタリとなくなります。

台湾の僧侶たちは、カルマを稲作にたとえます。土を耕すところからはじめて、苗を植えて、じっくり育てて、そして稲穂が実って刈り取ったところでカルマが終わるというわけです。人生はもともと思い通りにはいかないものですから、それだけに達成すべきカルマが山ほどあります。

ですから焦っていたり、がんばりすぎたりしている人、無理をしている人は、大小さまざまな人生の課題に気づきにくいものです。

水も空気もまわりの命も、私たちの身体も考えも、絶えず動き続けて流れています。ときには流れがよどみ止まってしまうこともありますが、かならず自然に動きだします。その流れを無理やり動かそうと「がんばりすぎ」てしまうと、自然な流れを止めてしまうことになるでしょう。

うまくいかないときは、じっと機を待ちましょう。そして季節がめぐるまで、肩の力を抜いて暮らしてみませんか。

流れをせき止めず
季節がめぐるまで
機を待つ

人生は恩返し

気づく

毎日が同じことの繰り返しで、これから良いことが起きると思えない。いつ死んでもいいとは思わないけど、このまま何となく生きていくのは虚しい。

そんなローテンションの中にいると、何のために生まれてきたのだろう？　と思わずにはいられないかもしれません。

人間も、植物も、動物も、生命をいただいて今この世にあるすべてのものは、「限りある時間」という大きな重い枷《かせ》をはめられています。私たちがいつも探してしまう生き甲斐は、この人生の限りを知ることからはじまるのではないでしょうか。

そうすると、限りある時間の中で、「出会った人がいる」「住む場所がある」

「食事がある」「ドラマや映画も観ることができる」など、誰かがどこかで働いてくれているおかげで受けられる恩恵がたくさんあることに気づきます。

つまり、人は生まれたときから、すべての恩を受けているのですから、大人になってお金が稼げなくなったからダメとか、誰の役にも立っていないから生きていても仕方がないとかではなく、生きていることへの感謝を通して、その返済をし続ければいいのではないでしょうか。

私たちは「ありがとう」という生き甲斐は持てます。どこにいても、何があっても、「感謝する」ことはできるからです。

生き甲斐は、その人が持つ人間の器にもかかわってきます。

人間の器を形作るのには、二つ軸があります。一つは、守るべき人やものの縦軸、もう一つは、先を見通す力の横軸です。

たとえば、子どものときは守るより守られる存在なので、縦軸も横軸も短くて、「今日は何をして遊ぼう?」「ごはんは何だろう?」といった目の前のことくらいしか考えません。

でもだんだん大人になっていくと、家族や恋人など守るべき人や、仕事や趣味など自分にとって大切なことの縦軸が長くなっていきます。1年後、3年後にどうしたいかといった、先々の見通しも立てるようになって、横軸も長くなっていくでしょう。

これが経営者のような集団を率いるトップになると、家族だけでなく、従業員やより多くの人を守る立場になります。何百人、何千人の人を支えるためにどうすればいいか、日々、考えますし、5年先、10年先など先々のことまで事業計画を立てるでしょう。

この軸の一番先にあるのが「死」です。私たちは「死」に向かって残りの時間を削りながら、命の灯を燃やし続けているのです。生き甲斐や生きる意味を考えたくなったら、今は遠いように感じる「死」を意識してみると、自分の縦軸と横軸が見えてくるかもしれません。

感謝の気持ちを
返すつもりで
生きていく

おわりに

お釈迦様がいまわのきわに「法灯明　自灯明」という言葉を残されました。

とても深い言葉なのですが、私なりに「真理に沿ってさえいれば、すべてあなたが決めていい」と、おっしゃったのだと解釈しています。

私の人生を思い返しても、知らず知らず決めてしまっていたこともありましたし、腹をくくって「えいやっ」と清水の舞台から飛び降りるように決断することもありました。

いつでも取捨選択できる情報に溢れ、この手の届く範囲に何だってある豊かな社会に生まれた私たちは幸せ者です。

けれど、私たちには選択肢があるから、迷うのですよね。

そして、迷うということは必ず、後悔するということ。

「すべてあなたが決めていい」には、そんな「迷い」と「後悔」のおまけがついていたのか!? それならちっとも嬉しくない、とお思いになりましたか。

なんの、なんの、お釈迦様は、私たちが「迷う」こと、「後悔する」ことを悟っていらしたからこそ「どこかほかに頼るのではなく自分自身を拠り所として、自分自身の中に灯りをともして歩いていけばいいよ」とおっしゃったのです。

つまり、迷ったっていい、後悔したってかまわない、それは想定内。

それでも、あなたの人生は、すべてあなたが決めていい。

四苦八苦しながらでも自分で決めて一歩一歩進んでいく。私には、そんなあなたの足跡に、次々と小さな花が咲いていくのが見えるようです。

〈著者プロフィール〉
玉置妙憂（たまおき・みょうゆう）
看護師・僧侶・スピリチュアルケア師・ケアマネージャー・看護教員
専修大学法学部卒業。夫の〝自然死〟という死にざまがあまりに美しかったことから開眼し出家。高野山真言宗にて修行を積み僧侶となる。現在は「非営利一般社団法人 大慈学苑」を設立し、終末期、ひきこもり、不登校、子育て、希死念慮、自死ご遺族などを対象とした幅広いスピリチュアルケア活動を実施している。また、子世代が〝親の介護と看取り〟について学ぶ「養老指南塾」や、看護師、ケアマネージャー、介護士、僧侶をはじめスピリチュアルケアに興味のある人が学ぶ「訪問スピリチュアルケア専門講座」を開催。著書に、『まずは、あなたのコップを満たしましょう』（飛鳥新社）、『困ったら、やめる。迷ったら、離れる。』（大和出版）、『死にゆく人の心に寄りそう』（光文社新書）などがある。ラジオ、ニッポン放送「テレフォン人生相談」のパーソナリティを務める。

すべてあなたが決めていい

2020年11月25日　第1刷発行

著　者　玉置妙憂
発行人　見城 徹
編集人　森下康樹
編集者　小川貴子

GENTOSHA

発行所　株式会社 幻冬舎
〒151-0051　東京都渋谷区千駄ヶ谷4-9-7
電話　03(5411)6211(編集)
03(5411)6222(営業)
振替　00120-8-767643
印刷・製本所　株式会社 光邦

検印廃止

ISBN978-4-344-03677-2　C0095
幻冬舎ホームページアドレス　https://www.gentosha.co.jp/

この本に関するご意見・ご感想をメールでお寄せいただく場合は、
comment@gentosha.co.jpまで。